KB149466

엄마와
놀면서 배우는

스
피
치

엄마와 놀면서 배우는 스피치

초판인쇄	2019년 10월 14일
초판발행	2019년 10월 18일

지은이	박비주
발행인	조현수
펴낸곳	도서출판 프로방스
마케팅	이동호
IT 마케팅	신성웅
디자인 디렉터	오종국 Design CREO

ADD	경기도 고양시 일산동구 백석2동 1301-2
	넥스빌오피스텔 704호
전화	031-925-5366~7
팩스	031-925-5368
이메일	provence70@naver.com
등록번호	제2016-000126호
등록	2016년 06월 23일
ISBN	979-11-6480-018-6 03370

정가 **13,000원**

엄마와
놀면서
배우는
스피치

Mom
and
Speech

박비주 지음

스피치는
엄마가 아이에게 주는
최고의 선물이다

프로방스

"우리아이 스피치 필요성, 엄마가 정확하게 먼저 알기"

목소리가 작아서, 두서없이 말해서, 웅얼거려서 어떤 말인지 몰라서, 공개수업에 가면 혼자 발표 못하고 눈물 글썽이고 있어야만 스피치를 시작해야 하는 것일까요? 아이들에게만 나타나는 문제일까요? 아닙니다. 어른들에게도 충분히 나타나는 문제이다. 어쩌면 이 글을 읽는 엄마에게도 해당 사항이 될 것이다. 엄마가 목소리가 작고, 두서없고, 웅얼거린다고 아이를 이해하기에는 아이가 살아가야 하는 세상은 스피치를 원하고 있다.

우리나라 교육부는 현재 '창의융합형 인재 양성' 이라는 타이틀로 수업의 방식을 바꾸고 있다.

'질문하는 교과서' 서술하세요. 표현하세요. 발표하세요. 토론하세요. 대학 입시 방법 또한 스피치 역량으로 평가한다. 그뿐 만인가? 사회적으로는 취업을 하기 위해 면접이라는 이름으로 스피치로 그 사람을 우리 회사에서 함께할지 함께하지 않을지 결정한다.

내 아이를 창의 융합형 인재로 끝까지 키워주는 것 부모보다 더 잘 할 사람은 없다. 물론 스피치 학원 전문가들에게 맡긴다면 도움은 받겠지만 24시간을 따져 아이와 같이 오래 있는 사람은 부모이다. 학원 선생님에게 아이를 맡기고 내 아이의 발표력, 구술력, 논술력이 성장할 것이라는 생각보다는 나보다 더 잘할 사람은 없다고 마음먹고 아이와 함께 재밌게 스피치 홈스쿨을 시작해야 한다. 내 아이의 성장을 끝까지 이끌어주기 위해서는 스피치는 스피치 학원 선생님의 몫이 아닌 부모의 몫이다. 학교 교과 과정으로 세상이 스피치를 원하기 시작했다. '스피치 인재' 세상에 나를 표현하고 드러내고 표현하는 스피치 지금 이을 읽는 순간부터 시작해야 한다. 태어나는 순간부터 지금까지 스피치를 못하는 아이는 정해져 있는 것이 아니다.

거침 없이 자신을 드러내고 마음껏 자신을 표현해야 세상이 내 아이를 알아주고 내 아이의 편이 된다.

세계적인 미래학자 피터 드러커는 이렇게 말했다"인간에게 가장 중요한 능력은 자기 자신의 표현이며 현대의 경영나 관리는 스피치에 의해서 좌우된다"

스피치를 못 하고 원래 소극적인 성향을 가지고 태어나서 그런 것이 아니라 스피치 교육을 제대로 받지 못했기 때문에 목소리가 작고, 두서없이 말하게 되며 웅얼거리게 된다.

좋은 교육이 좋은 아이를 만든다는 것은 거부할 수 없는 말이다. 논리적인 사고력을 가진 부모 밑에서 큰 아이는 논리적인 사고력을 배울 수밖에 없다. 논리적인 사고력을 배운 아이는 논리의 말을 할 수밖에 없다. 스피치 교육에는 통계적인 교육시스템 방식과 정답이 나와있는 교육이 아니다. 아이가 태어날 때 가지고 나온 성격, 각 집안마다 선호하는 교육방식, 양육자의 태도, 엄마 아빠의 화법에 의해 내 아이의 스피치 뿌리가 생긴다. 그러므로 세상에 같은 스피치 교육, 같은 스피치 교육 효과는 없다. 그러므로 내 아이에게 맞는 스피치 교육이 필요하다. 내 아이만의 스피치를 위해 이제는 엄마가 나서야 한다.

엄마의 15분, 15분이라는 작은 시간만 있다면 내 아이는 내 아이에게 맞는 스피치를 장착할 수 있게된다.

딱딱하게 학습으로 배우는 스피치가 아닌 스피치가 엄마와의 놀이가 될 수 있다. 엄마와 놀면서 배우는 스피치는 평생 우리 아이에게 체화되고 세상에 나를 당당하게 자신을 외치는 내 아이가 될 것이다. 엄마와 놀면서 배우는 스피치 수업은 내 아이만 아니라 엄마의 성장도 기대해볼 수 있다. 아이와 엄마가 같이 성장하는 것만큼 의미 있는 것은 없다.

스피치는 엄마가 아이에게 주는 최고의 선물이다. 세상을 살아가는 방법 중 첫 번째 영어 수학 국어보다 더욱더 먼저가 되어야 한다. 이 책을 통해 엄마와 아이가 최고의 선물을 주고받길 바란다.

저자 **박비주**

재밌게 배운다. 스피치!

무엇을 배워 볼까요?

회차	강의 주제	준비물	페이지
01	마음이 쑥쑥 생각이 쑥쑥 스피치	색연필, 필기구	09
02	스피치 발성 배우기	색연필, 필기구	17
03	스피치 발음 배우기	색연필, 필기구	23
04	색을 말해 봐요	색연필, 필기구	28
05	청중을 바라보는 힘, 시선훈련	색연필, 필기구	38
06	지금 내 생각 표현하기	색연필, 필기구	43
07	단어를 문장으로 만들기	색연필, 필기구	49
08	그림을 보고 이야기 해요	색연필, 필기구	54
09	상상의 나라로 초대합니다	색연필, 필기구	61
10	보물 지도 만들기	색연필, 필기구	68
11	발표 하는 날	색연필, 필기구	78
12	다섯 손가락 연극 스피치	색연필, 필기구	84

〈마음과 생각은 함께 자라야 한다〉

키즈 스피치를 시작하는 학기가 되면 발표를 극도로 힘들어하는 아이, 생각의 표현 방법을 몰라 눈물부터 흘리는 아이들이 많다. 발표에 대한 불안함과 두려움을 극복하는 방법을 한 번도 배운 적이 없는데 자신의 생각을 표현하고 발표하라니! 아이들의 입장에서는 정말 힘든 일이다. 그것도 친구들 앞에서 발표란 더욱더 그렇다. 선생님 또는 부모의 밀어냄에 발표 무대까지는 올라 애쓰며 입을 떼어보지만 어떤 생각도 어떤 말도 나오지 않고 친구들은 모두 나만 쳐다보고 있는 상황에서의 더욱더 고조되는 긴장감이 아이를 짓누르며 발표 공포를 만든다. 물론 이런 아이를 둔 부모로서는 걱정이 앞선다. '어떻게 하면 우리 아이가 발표를 잘 할 수 있을까?' 를 고민하게 된다. 그렇다면 우리 아이의 발표가 힘든 근본적인 원인을 찾아 해소해주어야 한다. 대체로 근본적인 원인은 '마음' 그리고 '생각' 에 있다.

'마음' 으로 접근한다면 우리 아이는 표면적으로 드러나는 신체의 나이와 마음의 나이가 함께 크지 못했을 가능성이 높다. 발표에 대한 마음은 '불안한 마음' 으로 성장했을 가능성이 높다. 신체가 크면서 우리 아이의 '불안한 마음' 도 함께 컸을 것이다.

"초등학교 가면 발표 다 잘하게 된다.", "중학교, 고등학교 가면 발표력은 자연스럽게 생긴다."

불안한 마음은 우리 아이들의 나이와 함께 자란다. 불안한 마음을 걷어낼 수 있는 결정직 게기나 교육이 없다면 절대 아이들은 스스로 불안한 마음에서 헤어 나올 수 없다.

'불안한 마음'의 근본적인 원인은 생각이 자라지 못해서이다. 불안한 마음이 들었을 때 생각의 힘이 있었다면 아이의 불안은 오지 않는다. 그렇기에 스피치의 첫 번째 솔루션은 우리 아이의 마음과 생각이 자랄 수 있도록 돕는 것이다.

마음을 열고 생각이 함께 자라도록 엄마가 돕는다면 아이는 스스로 마음을 연다. 그리고 스스로의 한계를 인지하고 극복하려고 노력할 것이다. 노력하다 보면 아이는 발전하게 되고 주변의 반응이 달라지면서 자신감을 갖게 될 것이다.

우리 아이가 발표를 두려워하는데도 무작정 스피치 무대로 내보낸다면 아이들은 내세울 것 없는 불안한 마음과 자신은 할 수 없다는 생각만을 가지게 될 것이다.

엄마의 섬세함으로 마음과 생각이 자라는 힘을 만들어주고 내 아이의 변화를 빨리 이끌어내는 것이 효과적이다. 아이와 함께 원인을 찾아 나가면서 아이는 엄마와의 활동을 통해 마음과 생각이 자라며 엄마의 기대를 뛰어넘는 효과를 보여줄 것이다.

마음이 쑥쑥! 생각이 쑥쑥! 활동을 통해 단단한 스피치 실력을 만들어보자!

쑥쑥 자라는 우리들!

트윙클 스피치

스피치를 하면
마음도 쑥쑥

트윙클 스피치

스피치를 하면
생각도 쑥쑥

쑥쑥 자라는 우리들!

어떤
마음을
키워볼까요?

어떤
생각을
키워볼까요?

생각과 마음 키우기

생각
▶ 생각은 씨앗같아요 !

마음
▶ 마음은 화분과 같아요 !

⭐ 쑥쑥 키워보기! ⭐

생각
▶ 생각 이름 정하기
"발표 생각"

마음
▶ 마음 화분 이름정하기
"용기 화분"

★ 쑥쑥 키워보기! ★

마음
마음 화분 이름정하기
"용기 화분"

＋

생각
생각 이름 정하기
"발표 생각"

마음화분과
생각씨앗이 만나면
용기 있는 발표를
하게 됩니다 !

**엄마 SAY
스피치 코칭 tip!**

화분에 씨앗을 심어야 씨앗이 자라고 열매를 맺듯 우리의 마음과 생각이 함께 자라야한다고 말해주세요! 우리의 마음은 화분과 같고 ! 생각은 씨앗과 같다고 이야기 해주시면 됩니다.

예시문 "반짝아 우리의 마음은 화분을 닮았고 생각은 씨앗을 닮았단다. 화분에 씨앗을 심으면 예쁜 새싹이피고 나무가되어 열매를 맺지? 그런것처럼 마음도 중요하고 생각도 중요해. 엄마의 마음 화분 이름은 용기 화분이야 엄마의 씨앗이름은 발표란다! 그래서 엄마는 용기화분에 발표씨앗을 심어서 용기있게 발표하고 싶어! 그럼 엄마는 용기도 있어지고 발표도 잘해지겠지? 우리 반짝이의 화분이름과 씨앗이름을 정해볼까?"

⭐ 쑥쑥 키워보기! ⭐

마음

생각

⭐ 쑥쑥 키워보기! ⭐

마음

생각

아이에게 꼭 말해주세요.
"반짝아. 넌 잘 키울 거야! 이루어질 거야! 넌 할 수 있어! 반짝이도 엄마를 응원해줄 거지? 엄마도 용기 내어볼게."

Lesson
02

스피치 발성 배우기

"발표 할 때 큰 소리로 자기소개 잘 해야 해." 아이들이 큰 소리를 내기가 과연 쉬울까?

지금 당장 엄마부터 해보자! 잘되지 않을 것이다. 목소리가 떨리고 음 이탈을 하고 스스로가 부끄러워질 것이다.

아이의 큰 목소리에는 발성력이 있어야 한다. 발성력을 엄마와 재미있게 배울 수 있는 방법을 소개하도록 하겠다. 먼저 발성의 기초는 호흡이다! 호흡법을 숙지한다면 "발표할 때 큰 소리로 자기소개해."가 아닌 " 발표하기 전에 호흡부터 해."라고 아이에게 말해준다면 아이는 누구보다도 큰 소리로 쩌렁쩌렁 발표를 하게 될 것이다.

〈엄마와 아이가 함께하는 배풍선 만들기 호흡법〉

1. 코로 천천히 하나 둘 셋 숨을 들이마십니다.

이때, 어깨가 올라가거나 가슴이 올라가지 않도록 해야 하며 풍선에 바람을 넣으면 부풀어 오르듯 배도 부풀어 오르면서 배풍선이 만들어지도록 합니다.

2. 호흡을 정지합니다. 하나, 둘, 셋. 배풍선이 터지지 않도록 유지합니다.

3. 10초간 입으로 배풍선에 있는 공기를 후~하고 내뱉습니다.

엄마와 아이가 배풍선 만들기놀이를 통해 호흡 훈련하면 된다.

(엄마와 아이가 함께하는 호흡 응용 '똥똥똥 돼지' 호흡법)

1. 코로 천천히 하나 둘 셋 숨을 들이 마십니다.
   이때, 어깨가 올라가거나 가슴이 올라가지 않도록 해야 하며 풍선에 바람을 넣으면
   부풀어 오르듯 배가 부풀어 오르면서 배풍선이 만들어 지도록 합니다.
2. 호흡을 정지합니다 하나, 둘, 셋 배 풍선이 터지지 않도록 유지합니다.
3. 똥똥똥 돼지~ 하며 '지' 에서 길게 호흡이 다할때까지 소리내어 봅니다.

폐활량 훈련을 하며 호흡의 길이와 복식의 성량을 강화시켜주는 훈련이다.

스피치에서는 호흡이 가장 기초적이며 발음, 발성이 긴장을 풀고 전달력이 강해지는
것에 직결된다. 아이가 엄마와 함께하는 호흡법을 통해 혈액 순환이 원활해지고 몸의
긴장을 풀어주고 성량이 커지도록 엄마가 함께한다면 우리아이 큰 소리는 걱정 없다.

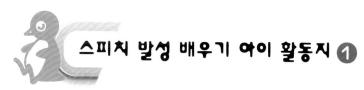
큰
목소리 만들기

발표할 땐! 큰 목소리로!

twinkle speech academy

발성 호흡 연습!

★ 코 풀듯이! ★
코로 호흡 내뱉기

★ 물 마시듯이! ★
입으로 호흡 먹고
내뱉기

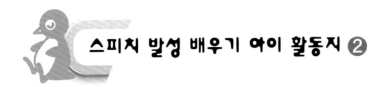
twinkle speech academy

재미있게 발성해요!

휴지 놀이

휴지 놀이?
어떤 놀이 일까요?

자유롭게 이야기 하기

**엄마 SAY
스피치 코칭 tip!**

복식호흡을 통해 스타카토 호흡 기법을 통해 휴지를 불어보는 게임이다.
휴지를 불어 엄마와 아이가 떨어뜨리지 않고 누가 높이 오랫동안 유지하는가?로
게임의 승부를 가린다. 휴지놀이란 단어로 아이의 호기심을 자극하며 '휴지놀이' 라
는 단어는 아이에게 어떤 놀이로 인식하고 작용하고 있는지 들어보는 것이다.
"반짝아 엄마랑 휴지 놀이 게임을 시작할건데 휴지 놀이는 어떤 규칙을 가진 놀이인 것 같니?"

휴지

연습!

나팔을 불듯이
휴지를 후후 불어보세요

게임시작!

휴지를 오랫동안
떨어뜨리지 않고 불어보세요

**엄마 SAY
스피치 코칭 tip!**

얇은 휴지 한 장을 준비하고 숨을 들이마시며 휴지를 잡는다.
복식호흡을 사용하여 스타카토 기법으로 후! 하고 짧은 호흡으로 휴지를 불어 올리면 된다.

이때! 휴지가 떨어지는 시간을 아이와 엄마가 서로 초를 재어 승부를 가리면 더 재미있는 게임이 된다.

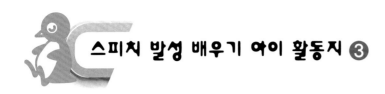

"반짝아 우리 휴지 불 듯이 자기소개를 해볼까? 반!짝!반!짝! 빛!나!는! 반!짝!이!
입!니!다! 이렇게!"
자기 소개를 하는 아이에게 호흡이 단단해지고 잘 들린다는 칭찬도 잊지 않아
야 한다.

Lesson
03

스피치 발음 배우기

말끝을 흐리는 아이, 특정 발음이 튀어 보이는 아이, 웅얼웅얼 입안에서만 소리가 나는 아이 등 모든 아이들이 발음을 정확하게 하지 않아서 그렇다.

발음은 정확한 입모양으로 발음의 글자를 표현해야 하는데 요즘 디지털에 노출되어 있는 아이들은 정확한 발음에 신경을 쓰지 않는다. 아이들이 보는 유튜브만 보아도 입 모양을 바르고 정확하게 하는 유튜버를 찾는 것은 쉽지 않다.

우리 아이의 안면 근육 움직임을 관찰해본 적 있는가? 얼굴에도 근육이 있다. 얼굴 근육을 움직여야만 정확한 입모양을 만들 수 있다. 하지만 요즘 아이들은 얼굴 근육을 움직이지 않고 입술로만 이야기하기 때문에 발음이 좋지 않은 경우가 대다수이다.

이럴때는 엄마가 나서야한다.

〈엄마와 함께하는 하마대결〉

누가 누가 하마처럼 입을 크게 벌리나? 게임을 통해 안면 근육을 움직여주는 것이다.

1. 입을 크게 벌려 얼마큼 벌려지는지 길이를 재어본나

2. 길이를 재어보고 그 길이보다 더 크게 벌려 더 커졌는지 안 커졌는지 길이를 체크하여 본다.

엄마가 먼저 입모양을 크게 벌려 재미있는 표정을 지으면서 아이에게 보여준 뒤 아이가 재미있게 따라 할 수 있도록 유도하자. 이때 여러 표정을 지으면서 안면 근육의 움직임을 다양하게 만들어주는 것이 좋다.

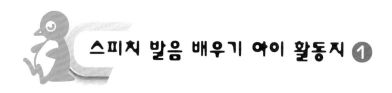
☑ 전달을 잘 하려면
발음이 중요해요!

NO!

무슨 말인지 모르겠어!
다시 한번 말해봐.
뭐라고?

☑ 우리 엄마가 그래요
☑ 친구가 그랬어요
☑ 선생님이 그래요

**엄마 SAY
스피치 코칭 tip!**

우리 아이 발음 체크표!
누군가가 "반짝아. 무슨 말인지 모르겠어! 다시 한번 말해봐. 뭐라고?"라고 말한 적이 있는지 아이에게 조심스럽게 물어보고 체크해보는 것이 도움이 된다.
만약 들어본 적이 있다고 한다면 "재미있게 발음 놀이를 한 후에는 이제는 그런 말을 듣지 않게 된단다."라고 자연스럽게 말해주자!

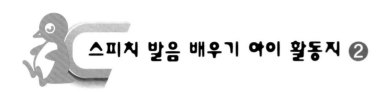

〈입모양 그려보기〉

엄마 SAY
스피치 코칭 tip!

엄마와 아이가 서로의 입모양을 보며 입모양을 그려보는 시간!

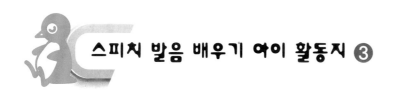

입모양 으로 말해요 !

입모양을 연습해 볼까요?

나무

오리

노란 모자

우리 나라

우리 아빠

할머니

할아버지

엄마 SAY
스피치 코칭 tip!

제시된 단어를 이용하여 입모양을 크고 정확하게 아이와 함께 연습해보자!
연습 후 아이와 함께 소리내지 않고 입모양으로 단어 맞추기 게임을 하면 더욱더
재미있는 발음 놀이 게임이 될 것이다.

Lesson 04

색을 말해 봐요

아이들은 글자보다는 색으로 나타내는 것을 좋아한다.

아주 어린 3세부터 색칠 공부라는 색깔 놀이를 통하여 여러 가지 색으로 아이들 자신만의 표현력을 기른다. 예를 들어 우리 아이는 유독 파란색을 좋아하고 집착한다든지, 점선 긋기를 좋아한다든지, 스티커 붙이기를 통해 색을 채우는 것을 좋아한다든지 아이들은 여러 가지 색의 활동을 통해 자신을 표현한다.

아이들의 표현은 색을 통해서 더욱더 풍부해진다. 다양한 형태로 표현하고 경험한 것들과 스스로 상상한 것들을 색을 통해 표현하기 때문에 우리 아이에게 '색'이란 없어서는 안 될 존재이다.

특히 요즘 아이들은 어른들보다 더 수준 높은 사회적 교육열로 인해 미술 작품 전시회, 미술 놀이, 어린이집이나 유치원 또는 초등학교 내 미술 영역이라는 교육을 받게 된다.

그러므로 아이에게 색은 친숙하고 자신만의 생각을 담을 수 있는 매개체이다.

색은 아동의 인지적, 정서적 발달과 관련성이 높아서 색을 통해 아이의 정서적 생활의 본질, 감정적 자아 표출의 심리를 발견하는데 쓰이기도 한다.

이렇게 특별한 가치를 지니고 있는 색을 엄마와 함께 배운다면 얼마나 깊이 있게 배울 수 있겠는가?

　내 아이에게 한 쪽으로 치우친 색 영역이 아니라 엄마와 색을 말해보는 시간을 통해 색 영역이 넓어지면서 감성이 더 풍부한 아이로 정서가 안정된 아이로 변화 시켜 줄 것이다.

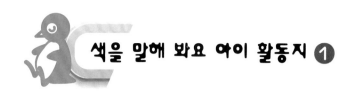
 을 말해요!

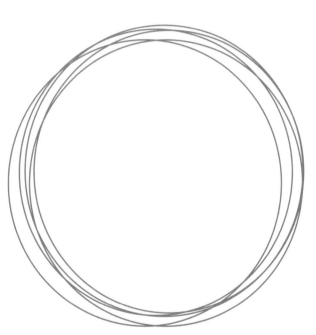

어떤 색을 좋아해요?

엄마 SAY 스피치 코칭 tip!

아이와 엄마가 서로 어떤 색을 좋아하는지 서로 공유해보는 시간!
"반짝아 너는 무슨 색 좋아해? 엄마는 핑크색을 좋아한단다. 반짝이는 그 색이 왜 좋아?"

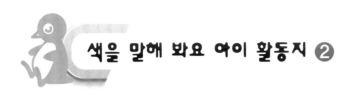
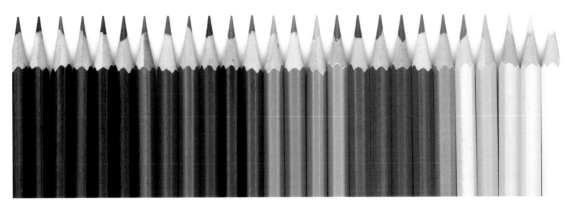

색깔을 큰 소리로 외쳐보세요!

엄마 SAY 스피치 코칭 tip!

우리집에 있는 물건의 색을 누가 더 많이 말해보나 게임을 해보세요!

내가 만드는 색
색이름만들기
TWINKLE SPEECH ACADEMY

| 맛있는 색 | 저녁하늘색 | 병아리색 | 잠오는색 | 새싹색 | 민트사탕색 |

세상에 하나밖에 없는 색이름 만들기!

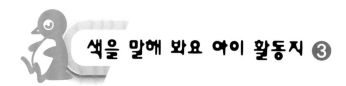

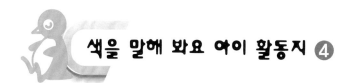

색을 말해 봐요 아이 활동지 ④

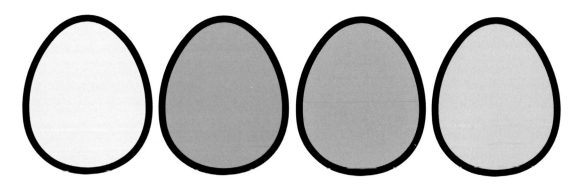

어떤 동물이 태어날까요?

엄마 SAY 스피치 코칭 tip!

색을 통해 아이의 상상력을 자극 하는 활동이다.
엄마의 생각을 강요하기 보다는 자유롭게 표현할 수 있도록 이끌어주고 기다
려주는 것이 좋다.

＊ 어떤 동물이 태어날까요? 그려보세요!

＊어떤 동물이 태어날까요? 그려보세요!

✳ 어떤 동물이 태어날까요? 그려보세요!

✳ 어떤 동물이 태어날까요? 그려보세요!

청중을 바라보는 힘, 시선훈련

Lesson 05

아이가 무대에 서서 큰 목소리로 발표도 잘하고 발음도 정확하게 잘하는데 청중들의 눈을 쳐다보지 않고 무대의 천장을 보며 발표하고 있다고 상상해보자. 과연 성공적인 발표일까?

아이 콘택트는 청중을 바라보는 시선이다. 상대방의 눈을 마주 보며 자신의 소리를 내는 시선의 힘은 굉장히 중요하다. '눈짓'과 '눈빛'이라고도 하는 아이 콘택트는 몸짓으로 하는 또 다른 언어이다.

미국 예일대학교에서 아이 콘택트와 관련한 실험을 했다.

A 씨에게는 자신의 이야기를 독백하라고 지시하되 독백을 듣는 B 씨에게는 A와 눈을 맞출 것을 지시했다.

실험의 결과 상호 간의 친밀을 나타내는 감정이 생겨났고 심장 박동 증가와 아드레날린이 분비되면서 긍정적인 신체적 반응이 일어났다.

눈 마주침, 아이 콘택트를 잘하는 사람은 상대에게 시적이면서 추상적인 이미지를 심어준다는 결과가 나왔다.

"얼굴은 마음의 거울이며, 눈은 말없이 마음의 비밀을 고백한다" –히에로나무스–

세상에 나를 외치는 발표를 하는 내 아이의 얼굴은 아이의 마음을 나타내는 거울과도 같다.

청중을 바라보는 눈은 마음의 비밀을 고백하듯 신뢰감과 따뜻함 정확함을 나타낸다.

〈엄마와함께하는 아이컨택트 훈련〉

① 아이의 눈을 5 ~6 초 정도 쳐다본다
② 아이의 콧등 에서 2초정도 머무른다
③ 다시 아이의 눈을 5초 눈쳐다봅니다.

이렇게 아이와 눈 마주침을 연습한다면 엄마와 말하지 않아도 되는 사랑을 느끼는 교감훈련 효과도 볼 수 있다.

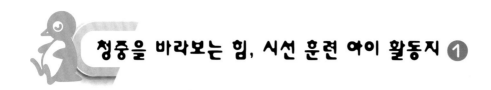

이야기를 할 때는 상대방의 눈을 쳐다보고
이야기를 해야 해요!

NO!

PLAY!
시선 피하지 않기

엄마 SAY 스피치 코칭 tip!

그림을 따라 아이와 눈 모양을 만들어보며 예쁜 눈을 찾아보는 활동을 하며 아이 콘택트가 힘들지 않다는 것을 알려준다. 시선 피하지 않기 게임으로 아이가 눈을 마주치는 것을 어색해하지 않도록 유도한다.

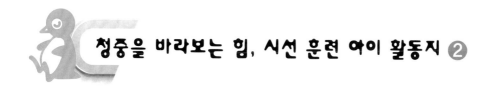

예쁜 눈 만들기 프로젝트

마지막엔 눈 크게 뜨고 자기 소개 해보기 !

엄마 SAY 스피치 코칭 tip!

"반짝아 예쁜 눈의 모양이 아주 많아 우리 그림처럼 예쁜 눈 만들기 따라해볼까?"라고 자연스러운 눈 모양을 만드는 활동을 통해 아이컨텍이 재밌다고 느끼게 한다.

화난 표정으로
사랑 스러운 표정으로
재밌는 표정으로
시선 피하지 않기

엄마 SAY 스피치 코칭 tip!

화난표정, 사랑스러운 표정, 재미있는 표정은 눈모양으로 표현하기 가장 적합한 활동이다.
다양한 표정들로 서로 바라보며 시선을 피하지 않고 우스꽝스럽고 재미있게 시선을 머무는 활동을 심화 응용적이게 이끌어가면 된다.
"반짝아 너 정말 잘한다! 어떻게 그렇게 눈빛 연기 시선처리를 잘해?"라는 칭찬 또한 잊지 말아야 한다.

Lesson
06

지금 내 생각 표현하기

"엄마랑 아빠랑 바다에 오니까 어때?"

아이에게 물었을 때 아이에게서 돌아오는 대답은 "좋아"가 대부분이다. 갑작스러운 질문에 대답을 해야 하는 상황을 아이에게는 정말 힘든 일이다. 엄마의 생각을 말해보라는 것도 아닌데 아이가 자신의 이야기를 하는 것을 힘들어하는 경우를 보면 엄마의 마음은 속이 타들어간다. 치열하게 경쟁해야 하는 사회에서 자기 생각조차도 말을 못해서 큰일인 것 같고 무조건 착하고 예쁘게 말하며 살아가기에는 사회는 참으로 냉혹한데 내 아이는 저렇게 자기 생각도 말을 못 하니 걱정이 이만저만이 아닐 것이다.

엄마의 슬픈 예감은 틀리지 않는다. 맞다! 지금 우리가 살고 있는 사회는 더욱더 소통을 중요하게 여기고 소통을 못 하면 고통이 되는 사회이다. 그렇기에 자신의 생각을 질 말해야 하는 것이 객관적으로 맞는 말이다.

그런데 아이에게 지금 네가 하는 그 생각을 말로 바로 표현하지 못하는 것이 잘못됐다고 말할 수는 없다.

지금 하고 있는 그 생각을 말로 표현하지 못하는 게 당연하다. 그래서 엄마의 힘이 필요하다.

내 아이가 살아가는 삶은 상황의 연속이다, 상황, 상황, 상황 속에 그때, 그때, 그때

맞춰 말을 하게 도와줘야 한다.

(상황 속에 적용되는 내 생각 말하기)

1. 구체적으로 질문하기 – 이전에 구체적으로 상황을 설명해주기
2. 상황을 중심으로 이야기하도록 유도하기
3. 상황 속에서 아이의 성공적인 대답은 칭찬해주고 앞으로도 적용할 수 있도록 도와주기

지금 내 생각 말하기는 어떠한 이론적 교육으로도 힘들다.

내 아이가 지금 당장 자신의 생각을 표현하게 만들어주는 것은 내 아이의 신체 건강을 만들어 주는 것과 같다. 차근차근 꾸준하게 발전시켜 나가겠다는 엄마의 의지가 중요한 일이다. 엄마의 의지로 아이는 천천히 전면적으로 생각이 넓어지고 사회에 나아가 내 생각을 표현하는 주요 인재로 자라게 될 것이다.

엄마는 아이와 함께 천천히 내 생각 말하기를 통해 자신의 생각을 말하지 못했던 모습은 온데간데없고 지금 생각하는 것을 더욱더 높은 차원으로 표현하게 되는 능력을 갖추게 될 것이다.

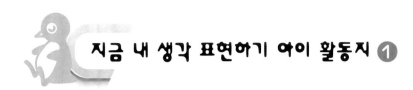
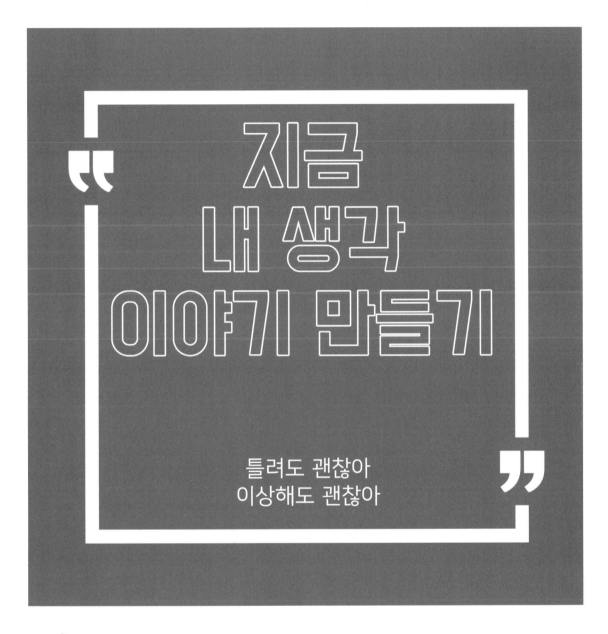

"
지금
내 생각
이야기 만들기

틀려도 괜찮아
이상해도 괜찮아
"

**엄마 SAY
스피치 코칭 tip!**

자신의 생각은 정답이 없다라고 알려준다. 자기만의 생각에서는 틀려도 괜찮고 이상해도 괜찮다고 말해준다. "반짝아 엄마랑 내 생각 이야기 만들기할까? 네 가 지금 드는 생각으로 이야기책을 만들어보자 틀려도 괜찮고 우스워 도 괜찮 고 이상해도 괜찮아! 왜? 네 생각이니까 그림도 그리고 글도 써보자"

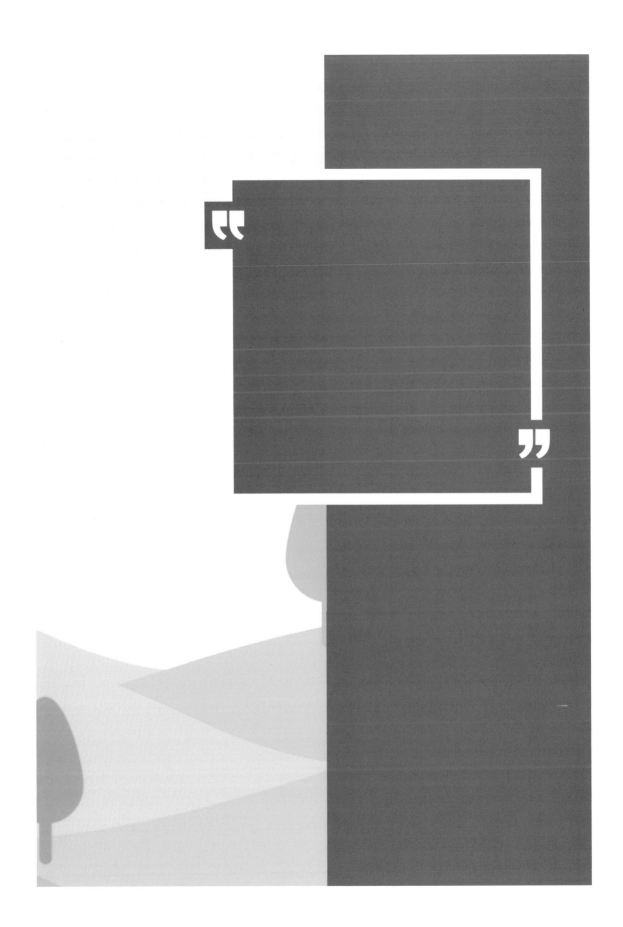

"지금
내 생각이
큰
생각을
만듭니다."

"반짝아. 너 지금 그 생각 참 멋지구나! 너무 재밌다. 어떻게 그런 생각을 했어? 지금 네 생각이 모여서 우리 반짝이가 큰 생각을 하는 거였구나! 오늘 반짝이 생각을 듣고 엄마도 큰 생각을 하게 되었어. 고마워."

단어를 문장으로 만들기

단어를 활용하여 엄마와 문장 놀이를 하면서 아이의 단어 활용 능력이 향상된다.

아는 단어, 배운 단어를 활용해보는 시간은 잘 없다. 그냥 듣고 알기만 할 뿐, 말해보지 못하고 써보지 못해 어휘력이 한정되는 경우가 생긴다. 그리고 이것저것 아이가 배우는 교육이 많기 때문에 단어를 이용한 어휘력 향상은 경험하지 못하는 경우가 많다. 시간에 쫓기는 아이를 위해 엄마가 차근차근 단어를 문장으로 만드는 놀이를 통해 중요한 어휘력 향상 학습을 놓치지 않게 도와주어야만 한다.

단어를 이용하여 문장을 만들기는 원하는 단어나 생각나는 단어를 고르고 그림으로 먼저 표현하면서 재미있게 그 단어에 익숙해지는 활동이다. 엄마와 그림도 그려보고 표현해보며 그 단어는 아이에게 쓰이게 되고, 자연스럽게 어휘력 습득으로 이어진다.

목표 단어 선정을 하여 문장을 만들다 보면 아이의 사고력과 표현력이 성장하는 것을 느낄 것이다. 엄마와 함께 하기에 아이의 어휘력은 더욱더 빠르게 향상될 것이다.

〈엄마와 단어를 문장으로 만들어보는 놀이〉 1. 어린이 잡지, 엄마 잡지를 준비한다.

2. 자녀 5개, 엄마가 5개 단어를 각자 고르도록 한다. 3. 자녀가 고른 단어와 엄마가

고른 단어를 번갈아 사용하여 문장을 만들도록 한다. 4. 자녀가 모르는 단어를 찾아보고 모르는 것이 있다면 사전을 이용하여 단어에 대한 뜻과 사용 문장을 공부하고 문장을 만들어 본다.

엄마와함께 단어 하나하나 찾고 뜻을 찾아보는 놀이를 통해 아이는 단어를 익힌다.

아이들은 평균 다섯 번의 같은 단어를 찾고 사용해야 단어가 익혀진다고 한다. 엄마와 함께 놀이를 통해 배운 단어를 문장도 만들어 보고 문장을 통해 실생활에서 대화를 나눌 때 아이의 문장력, 어휘력은 일취월장 해진다.

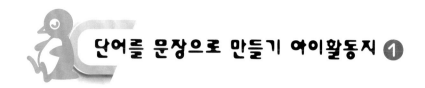

단어를 문장으로 만들어봐요!

단어를 그림으로 표현해보기

안경   나무   과일   달

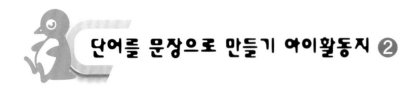
그림으로 이야기 만들어 발표하기

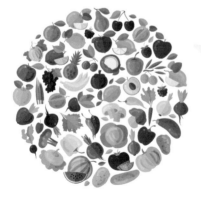

엄마 SAY
스피치 코칭 tip!

1. 그림을 보고 단어로 이야기한다.
2. 단어를 문장으로 이어본다.
3. 문장으로 이야기를 만든다.
"반짝아 엄마랑 이 그림으로 이야기를 만들어 볼까?"

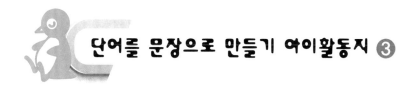

부채 난로 꽃 낙엽 사랑

단어 이야기 만들기

단어를 그림으로 표현하며, 그림으로 표현한 단어를 문장으로 만들고, 이야기 만들기를 통해 아이가 스스로 문장을 자유롭게 이어나갈 수 있도록 도와줘야 한다.

그림을 보고 이야기 해요

영유아기부터 그림책을 보여주며 아이들의 색채감을 통해 상황력을 보여주기 위해 시각적 교육부터 시작한다. 그런 교육이 당연해 지면서 요즘 아이들은 21세기 창의 융합형 인재 답게 그림의 해석능력은 어른못지 않게 뛰어나며 꼬마작가 전이수처럼 감각적인 인재들이 탄생하고 있다. 심미적 감성 강화역량은 엄마만 할 수 있다. 학교에서 따로 시간을 내서 활동하지는 않는다. 그러므로 21세기 인재들은 그림을통해 시각문해력을 키워주는 것은 엄마의 몫이다.

그림을 보고 말하는 활동이 아동의 감상능력, 언어적 표현에 대해 영향을 미치는지 연구를 한 초등학교에서 했다고 한다. 연구 결과는 그림을 보고 이야기하는 그림 스토리텔링은 아이들의 미술 감상 능력, 언어적 표현, 미적 요소의 발견, 작품의 존중감, 감상태도 등 많은 긍정적인 영향을 미치는 것으로 나타났다.

그림은 아이의 느낌이나 생각을 시각적 조형언어를 만든다. 그리고 언어적으로 창조를 시키고 발전 시켜 나아가는 영역에 큰 영향을 미친다.

그림은 아이들의 단순한 미술기술,미술 작품 정보의 습득으로 끝나는 것이 아니다.

내 아이에게 잠재하고 있는 예술적인 품성을 발견하는 일, 창의적인 자신만의 표현력을 기르는데 굉장한 효과를 가지고 온다.

엄마와 함께하는 그림을 보고 이야기하는 단순한 활동이 내 아이의 생활 속에서 미적 안목을 만들고 창의적이고 개성적인 문화적 소양을 갖춘 인재로 자라게 한다.

엄마와 함께했던 그림을 보고 이야기 했던 활동을 통해 우리아이는 전인적인 인간으로 현재 우리나라가 원하고 있는 21세기 창의 융합형 인재 교육을 엄마가 알려주고 습득하게 해주는 것이다.

그림을 보고 엄마와 자연스럽게 이야기하는 것 그것이 바로 명화 스토리텔링이 되고 아이에게 오랫동안 남는 작품으로 만들어 주는 것이다.

그러므로 엄마는 아이와 그림을 보는 충분한 시간적 여유를 가져야만 한다. 그리고 그림을 통해 아이와 이야기해보는 실행능력이 필요하다. 거기에 엄마가 조금더 작품에 대한 이해도가 높고 정보에대해 아이에게 알려주는 것은 내 아이에의 미적소양 표현의 언어를 성장시킬 뒷 받침이 될 것이다.

 하트 구름빵이야
"사랑해"

 그림을 이야기해요

엄마 SAY
스피치 코칭 tip!

"반짝아 저 그림은 어떤 그림으로 보여? 엄마는 구름이 우리 반짝이에게 사랑해 반짝아 라고 말하고 있는 것 같아. 반짝이는 어때?"
아이와 그림을 보고 말하는 놀이를 하자고 제안하자.

그림을 보고 이야기 해요 아이 활동지 ②

엄마 SAY 스피치 코칭 tip!

그림을 천천히 살펴본 후 아이와 어떤 그림인지 자유롭게 이야기를 해보자 이 때 엄마는 아이의 이야기의 앞 뒤 표현력에 집중하지말고 흐름에 집중하여 귀를 기울여야한다.

아이의 상상력을 자극해주는 질문을 하자

"반짝아? 저 상황에 또 필요한 것이 무엇일까? 엄마랑 한번 생각을 나누고 직접 그려 넣어볼까?"

"반짝아 넌 어떤 색이 제일 먼저 보이니?"
아이의 시각 색감이 어디에 집중되는지 물어보는 것은 색감 훈련에 굉장한 도움이 된다.

Lesson 09

상상의 나라로 초대합니다

내 아이의 상상이 모든 것을 가능하게 한다면? 엄마로서 아이의 상상력 키우기를 놓칠 것인가?

상상을 통해 아이들은 유연성을 만들고 상상력, 민첩성, 인지력, 감정적인 힘을 만들어간다.

아이들은 상상력을 발휘하여 불가능한 것이 없는 자신만의 세계를 만든다. 상상으로 연기하고 상상으로 표현하는 모습을 쉽게 볼 수 있다. 가상으로 자신의 상황을 설정하여 보자기를 두르고 소파에서 뛰어내리는 상황 연출, 전화를 하는 상황 연출 등 가상 연출 놀이를 하는 것을 본 적이 있을 것이다.

아이들은 특정한 사물을 의인화하거나 동물이 사람의 소리를 낸다고 생각하며 연출하듯이 여러 가지 관점을 통해 상상하고 다양한 상상을 통해 삶을 경험한다.

태어나서 18개월까지 아이는 쉴 새 없이 관찰하고 탐구한다. 그리고 생각한다.

2세부터는 일상적 행동을 따라 하고 연기하며 상상을 통해 가상 놀이를 시작한다.

3세에서 4세는 본격적으로 상상을 통해 많은 등장인물, 역할, 판타지 상황을 총동원하여 상상력을 놀이를 통해 표현한다. 아이들의 상상은 생활이며 당연한 본능이다.

상상을 가상하고 표현하며 어휘력 또한 성장하고 단어를 재탄생시키기도 한다. 상상은 아이의 부정적인 감정을 감소시키고 긍정적인 표현을 할 수 있게 만든다. 그리고 아이는 감정을 스스로 다스리는 능력을 가지게 된다.

아이들은 자신의 상상을 가상 놀이를 통해 신체적으로 사용하면서 비언어적 요소와 언어적인 요소를 표현하고 성장한다. 또한 모래 놀이를 통해 표현하거나 스케치북, 자신의 방 벽에 그림을 그리기를 통해서도 발달한다.

상상은 아이의 사고방식, 그리고 끝이 없는 아이디어를 만들어가며 우리 아이의 뇌 발달, 신체 발달을 촉진시키는 건강한 사고의 기술이다.

엄마는 아이의 상상을 멈추게 해선 안된다. 그렇다면 아이의 상상력을 위해 엄마가 할 수 있는 것들은 무엇인가?

(엄마의 상상 코칭)

1. 아이의 가상 놀이를 멈추게 하지 말고 최고의 참여자가 되어줘라!
2. 정답이 들어있는 책보다는 아이가 자유롭게 상상할 수 있는 책을 읽어주고 충분히 엄마와 상상을 나눌 수 있게 하자!
3. 엄마의 상상력이 아이의 상상력에 좋은 재료가 될 수 있다. 엄마의 상상력을 숨김 없이 아이에게 보여줘라!

내 아이의 상상력은 본능이며 내 아이를 신체적, 인지적, 사회적, 감정적으로 성장시켜줄 최고의 사고 기술이다. 엄마는 상상 놀이를 통해 미술, 음악, 이야기 활동, 역할 놀이 등 피하지 않고 적극적으로 우리 아이의 상상 성장에 함께 해야 한다.

☑ 하늘에서 귀여운 똥이 내려온다면?

하늘에서 귀여운 똥이 내려오는 상황을 그려보며 구체적인 상황과 느낌을 이끌어내자.

☑ 공룡이 나타난다면?

☑ 내가 만약 강아지로 변한다면?

 사람과 동물이 바뀐다면?

요술램프를 갖게 된다면?

보물 지도 만들기

Lesson 10

"엄마는 꿈이 뭐야? 커서 뭐가 되고 싶어?"라는 질문에 아이에게 정확하게 엄마의 꿈을 말해줄 수 있는가? 아이와 꿈을 이야기하는 최고의 타이밍에 엄마가 먼저 주저하는 경우가 많다. 아이는 꿈을 먹고 자라서 금방 자아실현을 한다. 정말 금방이다. 아이에게 엄마로서 자신의 자아실현을 할 꿈을 이야기하고 꿈을 이루는 방법을 가르쳐주는 것은 당연한 일이고 꼭 엄마가 해야 할 일이다.

학교에서는 꿈을 이루는 방법, 꿈은 정확하게 어떤 것인가에 대해서 배울 기회가 없으니 말이다.

내 아이가 원하는 꿈이 정확하게 무엇인지를 엄마라는 사람이 함께 탐색해주며 경험하게 해주는 것이 내 아이의 자아실현에 있어 엄청난 힘이 되어주는 것이다.

아이가 무엇을 좋아하고, 무엇을 싫어하며, 무엇 때문인지, 무엇을 할 때 가장 기뻐하며 어느 부분에서 심장을 뛰게 하는가에 대해서 엄마는 정확하게 알아야 한다.

아이의 꿈에 엄마가 작은 행동부터 캐치하고 발견한다면 아이는 꿈에서 그치는 것이 아니라 이루어가며 자아실현의 모습을 엄마에게 보여줄 것이다.

아이의 중심에는 꿈이 서 있다. 엄마 또한 아이의 그 꿈 뒤에 항상 서 있어야 한다.

아이와 꿈을 찾는 일은 아이의 자존감을 키워준다. 아이는 자신의 꿈 앞에서 결코 두려움 없이 꿈을 이루어 나가는 과정에 더욱더 자신에 대해 집중하고 성장해 나간다.

꿈을 이루는 것은 싸움이 아니라 든든한 나의 목적지로 여기게 될 것이다.

엄마 지금 당장 아이와 꿈을 나누고 캐치하라!

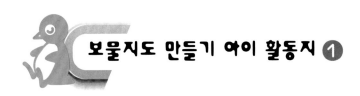

twinkle
speech

생각 하는 대로!
원하는 대로!
이루어지는 보물지도 만들기

**엄마 SAY
스피치 코칭 tip!**

꿈을 이루는 보물 지도를 만들어 봅시다.
이때 엄마와 아이가 함께 만드는 것이 중요합니다. 엄마의 꿈을 아이에게 자랑
스럽게 자랑하며 아이에게 엄마의 보물지도를 시각적으로 보여주세요!

빛나는 보물지도!

5가지 만들기

Twinkle speech

01 갖고 싶은 것!

02 이루고 싶은 것!

03 가고 싶은 곳!

04 먹고 싶은 것!

05 되고 싶은 꿈!

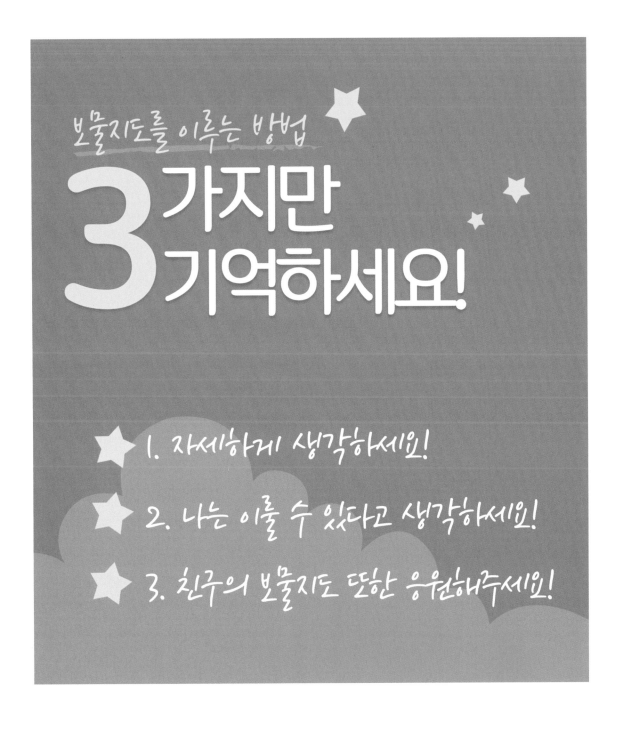

보물지도를 이루는 방법

3가지만 기억하세요!

1. 자세하게 생각하세요!

2. 나는 이룰 수 있다고 생각하세요!

3. 친구의 보물지도 또한 응원해주세요!

**엄마 SAY
스피치 코칭 tip!**

보물 지도를 이루기 위해서는 꿈에 대해 언제나 늘 자세하게 생각하기!
그리고 나는 이룰 수 있다고 무한으로 생각할 수있게 생각하기!
주변 친구들의 보물지도나 꿈이 있다면 이룰 수 있다고 축복하는 응원해주기!

3가지 원칙만 지키면 보물 지도를 이룰 수 있다고 코칭해주세요!

발표 하는 날

발표를 앞둔 아이는 정말 엄마가 알지 못할 만큼 걱정이 많다. 친구들 앞에서 발표를 하는 순간 가슴이 터질 듯이 쿵쾅쿵쾅 뛰며 온몸은 뜨겁게 달아오른다. '발표' 라는 단어가 스쳐만 지나가도 얼굴이 빨개지고 몸이 굳고 머릿속이 새하얘지며 말문이 막힐 것이다.

왜 아이가 발표를 무섭거나 두려워하고 자신 없어할까?

가장 큰 이유는 자신감이 부족하기 때문이다. 발표를 하려면 일어나서 해야 하고 선생님, 친구들이 자신만을 쳐다보기에 시선 집중의 부담감이 있다. 발표회 공개 수업은 엄마까지 와서 기대에 찬 눈빛으로 보고 있으면 극도로 부담스러워진다.

발표에서 실수를 하게 된다면 친구들에게 놀림을 당하거나 선생님이 나를 싫어하거나 엄마에게 꾸중을 듣게 될 수도 있다는 생각이 드는 경우가 대부분이다. 그리고 자신만의 생각에 더 더욱 발표는 엄청난 긴장을 가지고 온다. 긴장이 계속되면 두려움이 된다. 그리고 발표는 자연스럽게 아이와 멀어지게 되는 것이다.

만약 내 아이가 지금 그런 상태라면 아이가 왜 발표를 싫어하고 발표에 대해 어떤 고민이 있는지 엄마에게 털어놓을 수 있는 분위기를 만들어야 한다.

아이가 발표를 못하는 것을 부모 자신이 부끄러워하는 행동은 부모의 자격이 낮은 것이다.

　진정한 부모는 아이가 발표에 대한 부끄러움, 두려움, 긴장을 이겨내고 발표를 잘 할 수 있도록 늘 곁에서 아이에게 힘이 되는 한마디 못해도 큰 박수로 우리 아이 곁에 있어야 한다.

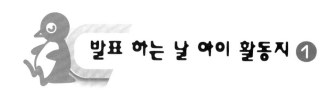

발표하는 날
내 마음속
발표 도깨비

발표할 때 나를 괴롭히는 마음 속
도깨비가 있나요??

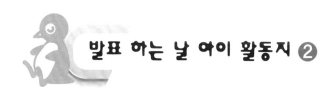

발표 하는 날 아이 활동지 ❷

마음속 도깨비들이 뭐라고 말하는지 멘트를 적어보고 엄마는 아이가 무엇을 두려워하는지에 대해 파악해야 한다. 그리고 그 마음을 공감해줘야 한다.

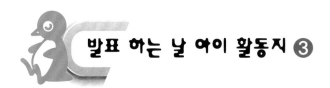

발표 도깨비 널 가만히 두지 않겠어!

도깨비에게 큰 소리로 외쳐주세요

엄마 SAY 스피치 코칭 tip!

엄마와 함께 마음속 도깨비를 쫓아내는 주문을 만들어 외쳐보면서 아이의 긴장, 두려움을 해소할 수 있도록 도와주어야 한다.

"반짝이는 반짝반짝한다! 얍! 어둠의 도깨비야, 저리 가 가!"

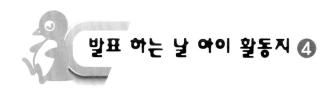

내 마음 속 발표 도깨비를 "안녕~" 인사하며 휴지통에 버려주세요

엄마 SAY 스피치 코칭 tip!

발표 도깨비 멘트를 썼던 활동지 2번을 찢어서 엄마와 함께 만든 주문을 외치며 휴지통에 찢어버리기

"반짝아 이제 걱정마 너의 마음속 발표 도깨비는 갔어! 넌 이제 충분히 잘 할거야 혹시 발표 도깨비가 찾아온다면 엄마와 만든 주문을 외워봐!"

다섯 손가락 연극 스피치

아이의 역할극 요구는 바쁜 엄마에게는 상당히 귀찮고 힘든 일이다.

아이와 함께하는 역할 스피치는 아의 즉흥 스피치 능력을 향상시킨다. 그리고 자신감을 심어준다. 자신이 맡은 역할을 표현하면서 다른 사람의 감정을 이해하는 데에도 효과적이며 자신이 아닌 다른 인물의 역할을 맡으면서 자신의 자아 테두리에서 빗어나 타인의 감정을 이해하게 되는 것이다.

엄마와 함께하는 역할극을 통해 다양한 경험을 대신하고 어휘, 언어 기능, 의사소통의 능력의 활동 범위가 넓어진다.

상황에 따른 언어적 적응 능력과 타인의 보이스를 따라 하면서 음색에 맛을 내며 상황에 필요한 말을 주고받으며 언어 소통에 필요한 언어 형태를 만든다.

소극적인 아이도 역할을 통해 자신감을 얻고 위로를 받게 되는 감정 코칭까지 가능한 것이 바로 역할이다. 역할 스피치를 통해 엄마와의 상호작용은 더욱더 촉진되며 언어의 유창성을 발전시킨다.

아이는 역할 스피치를 통해 실제 자신이 경험한 것을 표현하고 현재의 감정과 타인이 말하는 감정을 재현하면서 예전에 느꼈던 감정, 새로운 변화의 시도, 가능성을 찾는다.

미처 시도해보지 못했던 새로운 목소리들과 말 그리고 상호작용하는 엄마의 반응으로 더욱더 우리 아이의 스피치는 발전한다.

〈엄마가 함께하는 역할 스피치〉

1. 장난감을 통하여 아이와 상호작용을한다.
2. 장난감이 없는 경우 손가락으로 역할을 정해 상호작용을 한다.

역할 스피치는 시간적, 공간적 제약이 없다. 언제 어디서나 가능하다.

엄마가 바쁘더라도 아이의 스피치의 완성도를 높이기 위해 엄마의 시간을 역할 스피치에 투자하라!

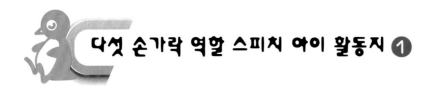

손가락 스피치

엄마 SAY
스피치 코칭 tip!

아이의 손, 엄마의 손을 그려본다.
이때 아이와의 스킨십을 통해 교감하며 아이의 손 ,엄마의 손을 서로 만져보며
자세히 관찰하는 시간을 가지는 것이 좋다.

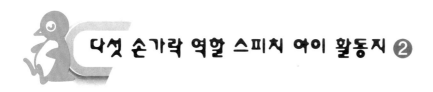

엄지가 할 수 있는 역할은
무엇이 있을까요?

검지가 할 수 있는 역할은
무엇이 있을까요?

소지가 할 수 있는 역할은
무엇이 있을까요?

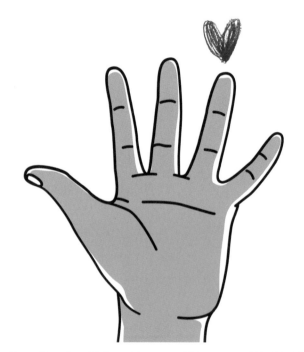

약지가 할 수 있는 역할은
무엇이 있을까요?

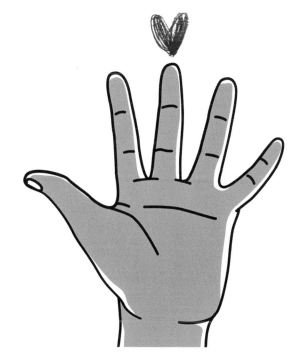

중지가 할 수 있는 역할은
무엇이 있을까요?

**엄마 SAY
스피치 코칭 tip!**

손가락을 가족, 친구 또는 동물로 역할을 정하여 표현해보며 다양한 주제와 상황을 아이에게 제시하는 것이 좋다.

반짝아, 다섯 손가락을 동물로 표현한다면 엄지는 어떤 동물 역할을 하는 것이 좋을까?

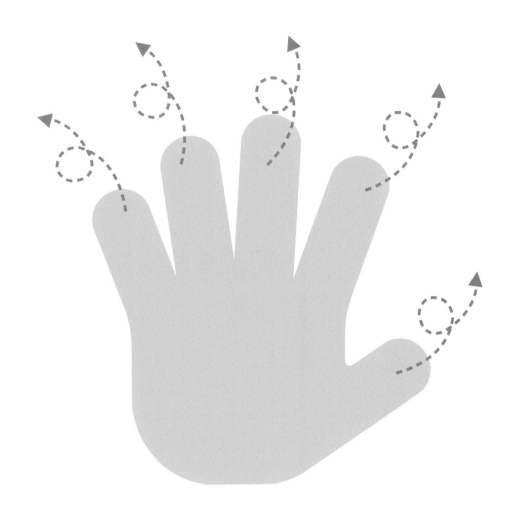

손가락
표정, 말소리 정하기

체계적인 역할극 콘티를 만들어 더욱더 멋진 역할 스피치 무대를 꾸밀 수 있도록
아이와 함께 미리 연습을 하는 것이 좋다.

손가락 연극 스타트! **go**

엄마와 함께 준비한 다섯손가락 역할극을 할아버지,할머니,아빠,삼촌,이모 가족들을 모셔놓고 역할 스피치 공연을 열어 보고 가족들의 호응에 아이가 더욱더 자신감을 가질 수 있도록 돕는 것이 좋다.

"엄마와 놀면서 배운다. 스피치!"

우리아이의 스피치 실력 누구를 닮았을까? 바로 '엄마' 이다. 그렇다면 내 아이의 스피치 누가 제일 잘 가르칠까? 그것 또한 '엄마' 이다. 아이의 개인적 성향과 특성을 존중해주면서 스피치를 가르칠 수 있는 사람은 세상에 단 한 명 엄마밖에 없다. 스피치를 전문적으로 코칭 하는 강사도 아이를 낳아 기른 엄마의 코칭을 따라갈 수 없다. 아이를 진정으로 깊이 이해하며 뛰어난 스피치 성장력을 이끌 수 있는 것은 엄마의 스피치 코칭력!

요즘 엄마들에게 유행하는 단어는 아키텍 키즈 맘이다. 검증된 공법을 총동원하여 건축물을 설계하는 것처럼 아이를 공들여 키우지만 아이의 미래는 정해두지 않고 자녀의 개성과 특징을 살펴 아이가 원하는 걸 돕는 부모를 일컫는 말이다.

다른 거 다 필요 없고 아이의 행복만을 집중하고 직접 교육하는 교육형 엄마인 아키덱키즈맘은 자녀의 교육 시직점에 항싱 힘께한다. 자녀의 성향과 흥미에 대한 빈응 직은 행동 하나에도 캐치하여 아이에게 딱 맞는 교육 시스템을 짜며 그것을 놀이로 습득할 수 있도록 돕는다.

요즘 블로그를 통해 아키텍 키즈맘들을 자주 만날 수 있다. 엄마표 영어놀이, 미술놀이 아이에게 딱 맞는 영어 단어 카드, 교구 교재를 엄마가 직접 만들어 아이의 더 향상에 도움이 될 수 있도록 함께 노래 부르며 즐겁게 영어, 미술을 가르친다.

아키텍 키즈맘들의 교육 최고의 교육 효과는 자아 탄력성 스스로 스트레스를 이겨내는 능력이 생긴다고 볼 수 있다. 엄마의 작은 관심과 아이와 놀이를 통하여 함께하는 시간들이 만들어낸 결과이다.

스피치 또한 엄마와 놀면서 성장시킬 수 있는 것이다. 지극히 평범한 대화도 엄마가 조금 더 스피치 교육적인 면으로 이끈다면 아이의 스피치 실력은 또래 다른 아이들보다 훨씬 뛰어날 것이다. 스피치는 정확한 이론적인 지식을 배워 테스트를 통해 업그레이드하고 점수로 표현되는 분야가 아니다. 언제나 일상 속에서 보고 듣고 느끼는 것이다.

엄마가 아이와 함께 놀면서 스피치를 하고 아이의 문제점을 파악하며 함께 해결해 나아가야 하는 것이다. 내 아이의 문제를 지적하기보다는 인지하고 내 아이의 변화를 위해 엄마가 스피치 솔루션을 함께 나아가 준다면 내 아이는 세상에 자신을 당당히 외치는 아이로 발전하게 된다.

내 아이를 내가 직접 가르치는 일 쉽지 않다는 것 안다. 직접 가르치려 덤비면 장점보다는 아이의 단점이 먼저 들어오고 지적하게 되면서 아이와의 코칭이 서로에게 상처만 남기는 상황이 오기 마련이다. 하지만 아이의 장점에 집중하고 칭찬이라는 무기로 우리 아이를 세워주다 보면 어렵다고 느꼈던 내 아이 가르치는 것이 행복으로 다가올 것이다.

세상에서 가장 사랑스러운 목소리 제일 든든한 목소리로 아이의 스피치 강사가 되어주자.

금쪽같은 내 새끼의 무한한 가능성을 열어주고 세상에 당당히 나아갈 수 있도록 기꺼이 엄마가 용기 내어야 한다. 꼭 스피치 학원에서만 어린이 스피치 강사가 있으라는 법은 없으니까!

저자 소개 | Profile

박비주

트윙클 컴퍼니 대표 〈플랫폼 교육사업〉
트윙클 스피치 아카데미 원장

트윙클 스피치 아카데미를 운영하면서 발표력, 자존감, 자신감, 대인관
계, 표현력 등이 저하된 아이들을 많이 만났다. 박비주 원장은 21세기를
이끌어갈 꼬마 인재들이 창의 · 융합형 인재로 성장하는 스피치 프로그
램 연구, 개발이 자신의 사명이라 생각하며 시대적 흐름에 맞는 키즈 스
피치 프로그램을 지향한다. "놀면서 배운다, 트윙클 키즈 스피치"라는
자신만의 키즈 스피치 프로그램을 브랜드화 시키면서 아이들이 끊임없
이 성장 할 수 있도록 프로그램을 연구, 개발 했다.

앞으로도 많은 꼬마 인재들이 창의 · 융합형 인재가 되도록 스피치 프로
그램 개발과 연구에 집중하며 키즈 스피치, 부모 스피치 코칭 교육에 주
력할 것이라고 한다.

이메일 | speechbiju@naver.com
인스타 | @rurumombiju
카 페 | https://cafe.naver.com/twinklespeech
블로그 | https://blog.naver.com/speechbiju